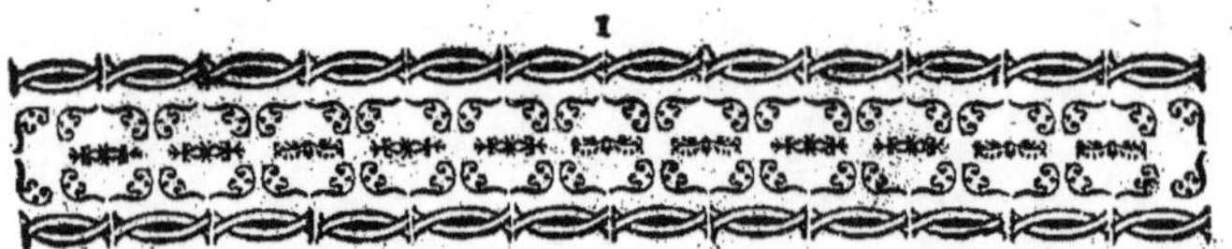

ABREGÉ HISTORIQUE,

Du Nom & Armes de l'ancienne Maison de TANOARN & des Descendans.

TANOARN ou KTANOARN, Maison noble & très-ancienne de Basse-Bretagne, qui a donné ou pris son nom d'une Terre située dans la Paroisse de Ploubanelec Evêché de Saint Brieuc. Le nom de TANOARN est composé de deux mots Bretons; sçavoir, *Tanne* & *Oüarne*, qui signifient feu & fer. L'antiquité en fait ignorer l'origine, si ce n'est quelque fait d'armes qui ait donné ou fait prendre à cette Maison le nom de feu & fer, ou de TANOARN, qui signifie la même chose.

Cette Maison porte pour Armes d'Azur à trois Etoiles d'Or de huit pointes ou raïons chacune, deux en chef & une en pointe. Dernier Arrêt de Réformation du 6. May 1669.

ALLAIN DE TANOARN Seigneur de KTANOARN, est dénommé ancien Noble dans la Réformation des Nobles de Saint Brieuc de l'an 1428. Il tiroit son origine de la Maison de Ktanoarn & des anciens Seigneurs d'icelle, ainsi qu'il est prouvé dans la derniere Réformation des Nobles de Bretagne. Arrêt du 17. Mars 1671. de la Branche cadette qui est éteinte, & portoit pour Armes d'Azur à trois Molettes d'Eperon d'Or de six pointes ou raïons à la bordure de même chargée de huit Macles d'Azur posées en orle : & cette différence n'est autre que l'ancien usage de varier en quelque chose les Armes des Branches cadettes des aînées, quoiqu'absolument les mêmes dans leur principe & origine; usage d'ailleurs qui n'est aujourd'hui perpétué que dans les Maisons Royales ou Têtes couronnées. I.

ALLAIN DE TANOARN *Premier du Nom eut pour Fils.*

ALLAIN DE TANOARN Seigneur de KTANOARN, qui épousa Damoiselle Tiffanie de Villeneuve, pere & mere de PIERRE DE TANOARN Seigneur de KTANOARN & de Couvran, raporté Noble dans la Réformation de l'an 1513. épousa en premieres nôces Damoiselle Anne Lostic, & eut de ce lit Constance de TANOARN, mariée à Messire Olivier de Kespere Seigneur dudit lieu. En secondes nôces, ledit Pierre, Troisiéme du Nom, s'allia à Damoiselle Marguerite du Boisgeslin. De ce dernier lit sont issus Vincent & Anne, Dame morte sans Enfans. II. III.

VINCENT DE TANOARN Seigneur de KTANOARN, de Couvran, Saint Efflan, la Villeguiomar, épousa Damoiselle Catherine du Boisgeslin fille du Pontrivili, pere & mere de Christophle, Jean & Vincent, lesquels Jean & IV.

Vincent formerent différentes Branches cadettes du Nom & Armes de la Maison de TANOARN.

V. CHRISTOPHLE DE TANOARN, fils aîné, héritier principal & noble Chevalier Seigneur de KTANOARN & de Lezerec, s'allia à Damoiselle Rollande de Neuville, Dame du Plessis-Bardoul & du Tiersant, héritiere de toute l'illustre & ancienne Maison de Neuville en Bretagne & le Maine, originaire d'Angleterre, dont plusieurs sont qualifiés Seigneurs dans les plus anciennes Réformations de Bretagne, l'Histoire de la Province en fournit les preuves; mais un fait particulier ne doit pas être omis ici. Pierre de Neuville Seigneur du Plessis Bardoul, mari de Damoiselle Loüise de Callac, étant prisonnier en Angleterre en 1427. le Roy Henry VI. auparavant son retour en Bretagne, lui fit présent de deux Coupes de Vermeil ciselées, qui ont été conservées près de trois cens ans dans le Château du Plessis Bardoul. Factum & Testament imprimés de feu Jean de TANOARN Abbé de Monfort. Il y a eu des Chanceliers, Archevêques & Evêques de cette illustre Maison en Angleterre & en Bretagne. Le dernier de Bretagne fut Messire Rolland de Neuville Evêque de Saint Paul de Leon, oncle propre de Rollande ci-dessus, épouse de Christophle, lequel ceda l'Isle-Doüessant à Messire René de Rieux, Lieutenant Général de Bretagne & Gouverneur de Brest, laquelle fut érigée en Marquisat, en faveur de ce Seigneur, par Henry IV. en 1598. Ledit Rolland de Neuville mourut à Rennes en 1613. en grande réputation de sainteté. Son Corps fut transporté à sa Cathedrale pour y être inhumé; on lui a érigé un magnifique Tombeau dans le Chœur de la Cathedrale. Du mariage de Christophle de TANOARN & de Rollande de Neuville sont issus Jean & Anne de TANOARN.

Histoire Ecclesiastique.

VI. Messire JEAN DE TANOARN né le 28. Octobre 1586. Seigneur du Plessis Bardoul, de KTANOARN, le Tiersant & Lezerec, ne voulut point s'établir, il renonça avec de grands biens & beaucoup de naissance à toutes les espérances du siécle, fut pourvû par résignation de son grand-oncle maternel, Rolland de Neuville Evêque de Saint Paul de Leon, & consentement du Roy, de l'Abbaye de Saint Jacques de Monfort en Bretagne, Chanoines Réguliers; il la fit bâtir en entier, & ses Armes y sont apposées par tout. Plus avancé en âge, il refusa la Coadjutorerie de Saint Paul de Leon de son grand-oncle, & l'Evêché de Dol en Bretagne, détestant toute pluralité de Bénéfices, & faisant de ses propres de continuelles aumônes, n'ayant d'autres héritiers que sa sœur, Damoiselle Anne de TANOARN; elle épousa en 1610. Messire Jean le Mesnager, Chevalier de l'Ordre du Roy, Seigneur de Piolaine & de la Russelée, né le 19. Février 1554. Ainsi la Maison de TANOARN tombée en quenoüille dans la Branche aînée, ledit Abbé de Monfort la renouvella dans la personne de ses propres neveux, après la mort de leurs pere & mere. Il y étoit d'autant plus porté qu'il voyoit également son nom périr dans les Branches cadettes: elles étoient toutes descendües de Jean & Vincent de TANOARN, freres puînés de Christophle ci-dessus, Cinquiéme du Nom. Ces deux Branches, sur-tout celle de Jean de TANOARN, ont fourni plusieurs Conseillers au Parlement de Bretagne & un Président aux Enquêtes, Messire Yves de TANOARN Seigneur de Couvran & du Bourgblanc, reçû le 28. Avril 1656. & tous les autres qu'on peut voir dans le Recueil de tous les Membres du Parlement, mari de Dame Loüise de la Boissiere,

VI. Suite Genealogique & par représentation.

héritiere de la Maison de la Fontaine-Platte.

Tous ont fait des Alliances qui n'ont point dégénéré de leur naissance, & ont donné à l'Eglise & à l'Etat des Sujets utiles & de mérite. Jean de TANOARN Seigneur de Belle-Mare, mort à Saint Sulpice, après avoir été long-tems Supérieur du Séminaire de Limoge, Messire Julien de TANOARN son frere Docteur de Sorbonne. Enfin dans Yves-Hyacinte de TANOARN, fils unique du dernier Conseiller Mr. de Couvran, & petit-fils du Président de TANOARN du Bourgblanc, se sont éteintes ces deux Branches cadettes, après bien des siécles écoulés. Les dernieres Dames de ces Branches étoient Madame du Plessis Dargentré, mere du feu & dernier Evêque de Tulle, Madame de Lalande de Callan, Madame du Guersant. *Et Sepulcra eorum Domus illorum in æternum.* Et leurs Sepulcres feront leurs Maisons jusqu'à la consommation des siécles. Que ce soient aussi les Tabernacles éternels.

Avant de pousser plus loin cette Genealogie, & de-là descendre jusqu'à son état present, il faut voir dans sa source & son principe sur quelle autre maison est antée cette ancienne maison de TANOARN. Sans doute qu'elle ne se flatte pas d'une antiquité si reculée, mais avec un principe solide & honorable, & qu'on peut dire la seule & veritable Noblesse & la mieux acquise, elle ne craindra point de se donner & de se faire connoître pour ce qu'elle est veritablement, sur tout après un Memoire imprimé de la ligue en Bretagne, ou pour n'avoir pas suivi les apostilles & corrections de l'Auteur même, elle a lieu de se plaindre des infidelités du sieur Abbé des Fontaines, & se trouve bien fondée à en relever les anacronismes & les bevûës. Mr. le Marquis de Piré.

On a vû ci-dessus que Messire Jean le Mesnager, Seigneur de Piolaine & de la Russelée avoit épousé en 1610. Damoiselle Anne de TANOARN. Il étoit fils d'un autre Jean le Mesnager, Seigneur de Piolaine & de la Cigogne né vers 1520. il fût dans sa jeunesse pourvû d'une Charge de Conseiller-Secretaire du Roy en Chancellerie & Conseil de Bretagne, état plus honorable en ce tems, & avant la création du Parlement, qu'ils n'ont été depuis. Ainsi est-il déposé dans l'Arrest du dernier Mars 1582. pour l'information du gouvernement noble & militaire de Gentil-homme de Jean le Mesnager, Seigneur de Piolaine & de la Cigogne mari de noble Damoiselle Jacquette Dupui. Signé Gueguen, Conseiller au Parlement, Commissaire en cette partie, présent Mathurin Gautier Notaire, & Secretaire & premier Commis au Greffe civil de ladite Cour notre adjoint. Conclusions de Monsieur l'Avocat Général pour l'enterinement desdites lettres, &c. Arrest, &c. Ecuyer Jean le Mesnager, Seigneur de Piolaine & de la Cigogne premier du nom épousa en 1545. Noble Damoiselle Jacquette Dupui de la maison de ce nom, Evêché de Saint Malo, quitta sa Charge de Conseiller-Secretaire avant l'érection du Parlement de Rennes, & prit le parti des armes qu'il porta constamment sous cinq de nos Roys de France, à commencer sous Henri II. jusqu'à Henri IV. inclusivement. Liste des Secretaires d'ancienne création. Premiere & quatriéme déposition des témoins.

Ayant eû trois fils & trois Damoiselles de son mariage, l'aîné mourut à Rennes en 1575. étant à l'arriere-ban (c'étoit le terme usité en ce tems) il éleva pareillement les deux autres, Jean né le 19. Février 1554. & Claude le 20. Juillet 1556. au parti des armes & service du Roy. Sa fille aînée Damoiselle Magdelaine le Mesnager épousa en 1566. Ecuyer Pierre Deslin, Seigneur de la Pinceguerriere & de la Jaunais par contrat raporté à Rennes.

Esther sa seconde, Dame du Portail, morte sans enfans le 10. Septembre 1617. enterrée dans l'Eglise & Paroisse d'Amanlis Diocese de Rennes. Susanne troisiéme sœur non mariée. Telle étoit en entier la posterité de Jean le Mesnager, lequel continuant ses services, & y formant ses deux fils parvint à commander les Cazaques Jaulnes, Troupe de Monsieur de St. Luc Lieutenant Général dans la Province, après la mort du Maréchal d'Aumont. Ainsi ayant préferé une Noblesse d'Armes à celle que lui & ses peres avoient commencé d'acquerir dans la Robbe, il merita d'en être gratifié lui & toute sa posterité née & à naître. Le Roy s'explique, il merite d'être écouté.

Novembre 1581. HENRY, par la grace de Dieu, Roy de France, & de Pologne, à tous présens & à venir, SALUT. Comme il soit décent & convenable que les personnes de vie loüable, & qui par effet suivent & aiment vertu & honneur, s'employent au service de leur Prince & de la chose publique soient decorés & illustrés des privileges & prérogatives condignes & afferans à leurs vertus & merites, afin de leur donner meilleure volonté & occasion de continuer, perseverer & servir d'exemple aux autres pour les imiter & instruire en esperance de parvenir à telles dignités, honneurs, prérogatives mêmement de Noblesse. Sçavoir, faisons que nous ayant mis en consideration les bons, agreables, fidéles & de recommandables services, que notre cher & bien aimé le sieur de Piolaine & de la Cigogne Jean le Mesnager a par ci-devant fait à nos Prédecesseurs & à nous tant au fait de nos Guerres, qu'ailleurs où il a été employé pour notre service, dès & depuis trente ans & plus, fait & continué chacun jour en plusieurs & necessaires occasions. Inclinant liberalement à sa suplication & requeste. Pour ces causes & autres considerations à ce nous mouvans, & même étant averti des moyens & facultés qu'il a pour maintenir & entretenir l'état & qualité de Noblesse icelui sieur de Piolaine, ensemble ses enfans, posterité, lignée mâles & femelles nez & à naître, descendans de lui en loyal mariage, avons de notre grace speciale, pleine puissance & authorité Royale annobli & annoblissons par ces presentes, voulons & nous plaît qu'en tous faits & actes ils soient doresnavant tenus, censés & reputés pour Nobles tant en jugement que dehors, qu'ils joüissent & usent de tous honneurs, privileges, franchises, prerogatives, préeminences dont joüissent & ont accoûtumé de joüir les autres Nobles, de cestui notre Royaume, même accepter & percevoir ordre de Chevalerie, quand bon leur semblera, & outre qu'ils puissent acquerir en toute sorte de Fiefs & Terres Nobles, de quelque qualité & nature qu'ils soient, & iceux avec ceux qu'il a ja acquis, & qui lui pourroient ensemble & à sadite posterité par ci-après échoir & advenir en quelque maniere que ce soit, tenir & posseder, & d'iceux joüir, user pleinement & paisibleenmt, tout ainsi que si d'ancienneté ils étoient nez & extraits de Noble lignée, sans qu'ils soient ou puissent être contraints de les vendre ou aliener, ou les mettre hors de leurs mains en quelque maniere que ce soit, & sans que pour ce ils soient tenus de payer à nous, ni à nos successeurs aucune finance, de laquelle à quelque somme, valeur ou estimation qu'elle se puisse monter, Nous avons audit le Mesnager en consideration de ses services, & pour lui donner moyen & occasion d'y continuer; Faisons don par ces presentes signées de notre main, par lesquelles donnons en Mandement à nos amez & feaux, les Gens tenans notre Cour de Parlement en Bretagne, Chambre des Comptes, Cour des Aydes & Tresoriers Généraux de France audit lieu, & à tous nos autres Justiciers & Officiers, & à chacun d'eux en droit soi, si comme à lui appartiendra que de nos présentes graces, annoblissement, don de finances, & tout le contenu ci-dessus, ils fassent, souffrent & laissent ledit le Menasger & sesdits enfans, posterité & lignée joüir & user pleinement, paisiblement & perpetuellement, cessant & faisant cesser tous troubles & empêchemens au contraire, lesquels si fait mis ou donnons leurs étoient, fassent reparer & remettre incontinent & sans delay à pleine & entiere délivrance, & au premier état & dû, en representant lesdites presentes ou *Vidimus* d'icelles. Fait sous scel Royal pour une fois avec reconnoissance d'icelui le Mesnager, de la joüissance, de notredit don & quittance sur ce suffisans seulement, Nous Voulons iceluy de nos Receveurs & comptables, & tous autres à qui se pourra toucher en être & demeurer quittes & déchargés en leurs comptes par les Gens de nos Comptes, ausquels nous mandons ainsi le faire sans difficulté CAR tel est notre plaisir, nonobstant que la somme à laquelle se pourra monter ladite finance ne soit s'y specifiée, ne declarée, que tels dons n'ayent accoûtumés d'être faits que pour la moitié ou le tiers, les Ordonnances tant anciennes que modernes, faites sur l'ordre & distribution de nos finances & quelques autres Ordonnances & differences à ce contraires, ausquelles ensemble à la dérogatoire des dérogations y contenuës; Nous avons pour ce regard seulement & sans tourner à consequence en autre chose dérogé & dérogeons de notre pleine puissance & authorité que dessus par ces presentes, ausquelles afin que ce soit chose valable, nous avons fait mettre notre scel, sauf en autres choses notre droit & l'autrui en tout. DONNÉ à Paris au mois de Novembre, l'an de grace mil cinq cens quatre-vingt-un, & de notre Regne le huitiéme.

Signé sur le repli.

Par le Roy,

DE NEUVILLE.

Scellé de Cire verte, avec laps de soye rouge & verte.

VISA.

Registrées, oüi, & le consentant le Procureur Général du Roy aux charges portées par l'Arrest de ce jour. Fait en Parlement le troisiéme jour d'Avril 1582. GAUDIN.

Verifiées à la Chambre des Comptes le 18. May 1582.

Une telle Noblesse est sans doute respectable dans son principe, & ne peut qu'honorer les Descendans de ce Capitaine. Qu'il ait sur la fin de ses jours, ou plus long-tems, si l'on veut, commandé à Châteaugiron, le fait est très-probable, puisque partie de ses Terres & Biens étoient situés aux environs; mais qu'il y soit peri, de quelque genre de mort que ce puisse être, c'est une fausseté aussi facile à démontrer que la confusion que fait l'Auteur de la ligue des deux Freres annoblis; le Pere & les Enfans ont servi en même tems, & il n'a bien connû ni les uns ni les autres. Le Pere seul est annobli

T. 3. de la ligue, p. 336.

avec sa Posterité : ainsi tout le narré de ce fait, tous les peut-être, toute la prétenduë tradition de Jean le Mesnager est détruite par un acte autentique qui démontre un anacronisme de seize mois, C'est la mort dudit Sieur Jean le Mesnager, Seigneur de Piolaine arrivée le dernier Février 1590. L'extrait en a été produit en Justice, les Registres subsistent, qui en doute, les peut consulter.

Extrait des Registres des Enterremens de la Paroisse d'Amenlis, dioceze de Rennes.

» Messire Jean le Mesnager, Seigneur de Piolaine fût ensepulturé le dernier
» jour de Février en l'Eglise de Venesse près le Grand Autel dudit Venesse,
» l'an mil cinq cens quatrevingt-dix. Ainsi raporté sur le Registre dudit
» Amanlis & signé P. Pean, Curé. Lequel Extrait ci-dessus, Je soussigné,
» Armel Taillebois, Prêtre Sub-Curé dudit Amanlis, certifie être veritable.
» En foi de quoi j'ai signé mon present Certificat, & délivré pour servir
» où sera requis, ce second jour de Decembre mil six cent soixante-trois.
» TAILEBOIS. Avec paraphe.

Est-ce donc qu'il ne s'agit que d'écrire, on a sans doute obligation à ceux qui s'en donnent la peine & qui y employent dignement leur tems ; mais quand il s'agit de parler des Familles ou des Maisons d'une Province qui meritent quelques égards, il est du devoir & de la prudence d'un Auteur de les consulter, sans quoi il ne peut éviter des méprises peu honorables & souvent grossieres, On s'autorise pour le fait en question d'un manuscrit de Châteaugiron-même ! Qui n'y feroit trompé, si l'infidélité de l'Auteur qui s'étaïe de son manuscrit, n'alloit jusqu'à y produire un nom qui ne s'y trouve aucunement.* C'est-à-dire, Jean le Mesnager Sieur de Piolaine : le manuscrit dit bien, Capitaine & Soldats pandus ; mais ce manuscrit ne nomme pas le Capitaine, & on s'ingere plus de cent cinquante ans après un fait passé, de le produire sur la Scêne de sa propre autorité. La moindre chose étoit d'imiter la discretion du manuscrit-même? Quelle raison il a eû de le suprimer, je l'ignore sans doute, le fait étoit public & notoire en ce tems ; mais n'étant point constaté, l'Extrait ci-dessus démontre que ce ne fût jamais le sieur de Piolaine. Si une telle preuve ne suffisoit, ceux qui s'y interessent en donneroient d'autres aussi palpables : non qu'on puisse regarder comme quelque chose de honteux ou une fletrissure, un genre de mort quel qu'il puisse être, lorsqu'il est sanctifié & décoré par le fond même de la cause. Tels sont la Réligion, le Prince, l'Honneur & la Patrie, pour lesquels il est toûjours glorieux de sacrifier sa vie. A qui prétend-t on d'ailleurs persuader qu'un Capitaine de merite, avec plus de quarante ans d'expérience dans sa profession, pris & forcé dans un Château, en aille porter les clefs à celui qui l'y a forcé : feu Mr. le Maréchal de Villeroy surpris en Cremône, auroit sans doute diverti le Public & donné bien à rire au Prince Eugêne, si forcé & son prisonnier, il lui eût présenté les clefs de Cremône, sa réponse fût digne de son merite & de son élevation : j'ai le malheur, dit-il, Monsieur, d'être votre prisonnier, & je n'ai plus rien à ordonner, &c. Les justes égards qu'on doit à la personne & à la memoire du veritable Auteur l'abregé de de notre Ligue, ne permettent pas d'en dire davantage, s'il n'y est donné occasion. Revenons à la posterité du Capitaine Piolaine mort septuagenaire.

* *Et qui vidit testimonium perhibet.*

Son aîné Messire Jean le Mesnager, Seigneur de Piolaine & de la Russelée, Chevalier des Ordres du Roy,* aïant épousé, comme il est dit ci-dessus l'heritiere Anne de TANOARN, nous est répresenté en 1589. revenant de la Cour & du Creüil, Lieutenant de Montbarrot, sorti la nuit du 4. Mars de la Ville de Rennes pour aller au-devant de Piolaine. C'est un trait bien rapide & l'Auteur auroit pû nous aprendre quelle étoit la commission du Sieur Piolaine, s'il pût entrer dans la Ville, & quels Ordres il aportoit de la Cour : car certainement il ne fût pas fait prisonnier, & s'il n'avoit été attendu dans la Ville, au moins de la part du Gouverneur, ou de Montbarrot, le Sieur du Creüil n'auroit point été au-devant de lui : mais ignorons nous-mêmes ce que l'Historien ne nous aprend pas, ce sont peut-être des secrets de cabinet qui ne sont point parvenus jusqu'à lui. T. 3. de la ligue, p. 36.

* c'est chevalier de l'ordre et non des ordres du Roy.

Le 24. Decembre 1594. Messire Jean le Mesnager, Seigneur de Piolaine & de la Russelée, Chevalier des Ordres du Roy* donna le Partage paternel à Ecuyer Claude le Mesnager, Seigneur de la Cigogne son frere Puîné* & aux Damoiselles ses sœurs, Suzanne & Esther, Magdelaine l'aînée mariée dès 1566. fût partagée du vivant des pere & mere. Second partage du 23. Octobre 1600. au moïen duquel ledit Jean le Mesnager; en qualité d'heritier Principal & Noble de défunt Jean le Mesnager & de Jacquette Dupuy ses pere & mere, fait renoncer Ester le Mesnager, Dame du Portail sa sœur & rénonce elle-même, comme Noble à toutes autres successions directes & collaterales, lesdits partages dûëment signés & garentis, induits & produits dans l'Arrest de Réformation de 1669.

Dit aussi de S. Martin.

Premier partage noble & incontéstable des Mesnager 1594.

Les Etats assemblés en 1595. après plusieurs Réglemens pour rémedier aux desordres de leurs Finances, en firent pareillement pour les Gens de Guerre, & le fait des Montres : pour cet effet il fût arrêté qu'ils nommeroient certains nombres de Gentils-Hommes qualifiés de la Province pour s'emploÿer au fait des Montres, & y travailler conjointement avec les Commissaires ordinaires, & en leur absence separément, le tout sous le bon plaisir de Sa Majesté. T. 4. de la ligue, p. 188.

Extrait des Regîstres du Greffe des Etats de Bretagne tenus à Rennes, du 20. Decembre 1595.

Sur la Rémontrance faite à Monsieur de Saint Luc Lieutenant Général au Gouvernement de Bretagne par les Gens des Trois-Etats dudit Païs de personnage de qualité & experience pour vaquer aux Montres & Révuës des Gens de Guerre, tant des Garnisons, que de l'Armée, avec les Commissaires ordinaires du Roy, & en leur absence separément. Mondit Sieur de Saint Luc auroit choisi & retenu les Sieurs de la Magnanaye, de Lesmont, de Piolaine & de la Villeauroux, & d'autant qu'ils ont répresenté ausdits Sieurs des Etats qu'ils ne pouvoient faire & exercer ladite Charge, sans grands frais & dépenses, allants, comme ils seront contrains faire par toute la Province, il étoit bien raisonnable leur ordonner quelque somme de deniers pour aider à suporter lesdits frais. Le fait mis en délibération, lesdits Sieurs des Etats ont ordonné ausdits Sieurs de la Magnanaye, de Lesmont, de Piolaine, de la Villeauroux, pour aucunement leur aider à suporter les frais & dépenses qu'ils seront contraints faire, exerçans lesdites Charges de Commissaires à chacun d'eux la somme de deux cent écus par chacun an & par les quartiers, & outre leurs taxations des Montres qu'ils feront séparément en absence des Commissaires ordinaires du Roy, à être ladite somme de deux cent écus prise sur les deniers destinés pour les frais de la Guerre en l'année prochaine qu'on comptera 1596. & d'autant que ledit Sieur de la Villeauroux ne se présenteroit pour accepter & faire ladite Charge, & prêter le serment ès mains de mondit Sieur de Saint Luc, ainsi qu'il est requis, sera ladite somme de deux cens écus païée à celui qui sera commis & institué en sa place, & qui exercera ladite Charge. Fait à Rennes en ladite Assemblée des Etats tenus par autorité du Roy, suivant ses Lettres Patentes du quatriéme jour d'Octobre 1595. Signé MATHURIN DE MONTALLAYE.

Ce jourd'hui 20e. jour de Decembre 1595. les sieurs de la Magnanaïe, de Lesmont & de Piolaine par Nous choisis & retenus sur la nomination de mesdits Sieurs des Etats, pour faire avec les Officiers du Roy ou séparément les Montres des Gens de guerre, étant en cette Province reçûs, & de ce fait & prêté le serment sur ce requis, pour exercer ladite Charge suivant nos Départemens, & selon & ainsi qu'il leur sera par Nous ordonné; pour témoins de quoi leur en a été expédié le présent acte. Fait à Rennes lesdits jour & an. Signé DESPINAY. Et plus bas, CEBERET.

Attendu que le sieur de la Villeauroux nommé par mesdits Sieurs des Etats pour faire avec les Officiers du Roy ou séparément les montres des Gens de guerre en cette Province, n'est venu prêter le serment par-devers Nous, comme ont fait les Sieurs de la Magnanaïe, de Lesmont & de Piolaine, nous aurions en la place dudit Sieur de Villeauroux commis & député le sieur de la Perine, pour avec les trois sus nommés exercer ladite charge suivant nos Départemens, & selon & ainsi qu'il leur sera par Nous ordonné; & pour cet effet avons pris le serment dudit Sieur de la Perine, ainsi que les trois autres, pour témoignage de quoi leur en a été expédié le présent acte. Fait à Rennes le 15. Janvier 1596. Signé DEPINAY, & plus bas, par Monseigneur, HOUEL. Scellé du Sceau & Armes des Etats de Bretagne. Pour expédition, vérifié & conforme à l'enrégistrement qui est au Greffe des Etats de Bretagne, GUILLARD, Commis Juré au Greffe des Etats.

Telle est la Commission dont les Etats & Mr. de St. Luc honorerent Messire Jean le Mesnager, Second du Nom, Seigneur de Piolaine & de la Russelée, ~~Chevalier des Ordres du Roy~~, mari de Damoiselle Anne de TANOARN. Commission qui prouve ~~que~~ quand bien même la prétenduë tradition de Châteaugiron, à l'égard de Jean le Mesnager pere, seroit vraïe, quoique démontrée fausse, loin d'avoir été regardée comme une apparence même de flétrissure, n'auroit rendu que plus recommandable à la Province & à ses Commandans le Sieur de Piolaine fils & tous ses descendans, qui remercient l'Auteur de son plat d'excuse, & de la générosité avec laquelle il a bien voulu quelquefois défendre leur honneur. Au reste il a bien raison de dire que ce ne fut jamais pour ce fait qu'ils ont jugé à propos de changer leur nom, on le verra ci-après. Le défaut de toute récompense qui auroit naturellement dû suivre une telle avanture n'en démontre pas moins encore la fausseté, que toutes les alliances suivantes des descendans.

T. 3. de la ligue, p. 336.

Ecuïer Claude le Mesnager Seigneur de la Cicogne, épousa Damoiselle Catherine de Comillé Dame des Valettes. Par son acte de partage du 24. Decembre

Decembre 1594. passé à Rennes par Notaires Royaux à l'Hôtel de la Dame veuve de Piolaine, dit le Griffon, près St. Yves, mere commune & intéressée audit partage pour tous ses droits, ledit Sieur Claude le Mesnager, dit de St. Martin, se soûmet envers Jean le Mesnager son frere aîné, héritier principal & noble, & s'engage à tenir prison en telles Villes, Châteaux & Forteresses de la Province qu'il lui plaira, pour l'exécution de toutes les clauses & conditions dudit partage, & de n'en sortir qu'à sa volonté, s'il y contredit en façon quelconque. Tel étoit apparemment l'usage de ce tems à l'égard des Nobles & sur tout entre Gens de guerre. Ledit Claude le Mesnager n'ayant point laissé de postérité connuë, mourut le 25. Novembre 1615. & fut inhumé dans l'Eglise & Paroisse d'Amanlis.

Des trois sœurs communes Magdelaine, Susanne & Esther le Mesnager, Magdelaine seule a laissé postérité, & a continué la Souche, & lignée des sieurs Deslin, Seignenrs de la Pinceguerriere dans Châteaugiron, très anciens Nobles de la Province, & originaires d'Angleterre. Reste donc la seule postérité du sieur Jean le Mesnager, Second du Nom, Seigneur de Piolaine & de la Russelée, mari d'Anne de Tanoarn l'héritiere.

Le 12. May 1618. le sieur de Piolaine & Anne de Tanoarn son épouse demeurans à leur Terre & Manoir noble de la Russelée, Paroisse de Paimpont, Evêché de Saint Malo, se firent une donation mutuelle & égale, passée à la Cour & Jurisdiction de Bretillien, au plus vivant des deux, de tous & chacuns leurs biens, meubles, dettes & crédits, & autres choses réputées pour meubles, qu'ils ont & auront au tems du décès du premier décédé, même de tous leurs acquêts & conquêts faits, & qu'ils feront durant & constant le mariage d'eux deux à quelque valeur & montement qu'ils puissent monter, pour le survivant en joüir, lui, ses hoirs & successeurs, ou qui de lui auront cause à jamais & perpétuité, sa vie durant seulement, selon qu'il est permis par les Coûtumes & Ordonnances Royaux, & tout le reste ainsi qu'il est porté dans l'acte insinué & régistré au Présidial de Rennes le 4. Août suivant 1618.

Du mariage de Jean le Mesnager second du nom & de Damoiselle Anne de Tanoarn sont issus Jean, Pierre & Gilette le Mesnager. Après le décès de leurs pere & mere, Messire Jean de Tanoarn Abbé de Monfort prît soin de leur éducation & établissement : voyant son nom perir dans les differentes branches & voulant le faire perpetuer & passer avec ses biens à ses héritiers directs & collateraux, presenta requête à Louis XIII. pour leur en octroyer la permission, & ce par tendresse & amitié reciproque de l'oncle & des neveux & par le respect qu'ils lui portoient, ainsi qu'il est contenu dans lesd. Lettres de changement de nom, & non par aucun autre motif que ce fût.

Lettres Patentes de Commutation du nom de Mesnager en celui de TANOARN. *Decembre* 1642.

LOUIS par la grace de Dieu, Roy de France & de Navarre. A tous presens & à venir, Salut. Nos chers & biens amés Jean le Mesnager Ecuyer sieur de Ktanoarn, Ecuyer Pierre le Mesnager sieur de Lezerec freres & enfans héritiers de défunt Jean le Mesnager Ecuyer sieur de Piolaine & de Damoiselle Anne de Tbnoarn, nous ont très-humblement fait remontrer que par representation de ladite Anne de TANOARN leur mere, ils sont presomptifs héritiers de Messire Jean TANOARN Abbé Commendataire de l'Abbaye St. Jacques près Monfort leur oncle maternel, Propriétaire de la maison & Seigneurie de KTANOARN, & puisque par droit de sang & de nature, ils sont sur le point de succeder aux biens dudit sieur Abbé, lesdits Exposans desireroient qu'il nous plût leur permettre de changer leur surnom en celui de TANOARN, tant pour en conserver la mémoire que pour le respect qu'ils portent audit sieur Abbé leur Oncle; nous requerants nos Lettres sur ce necessaires. A ces causes, desirant favorablement traiter lesdits Exposans, nous leur avons permis, octroyé & accordé, & de notre grace speciale, pleine puissance & autorité Royale, par ces presentes permettons, octroyons & accordons, Voulons nous plaît qu'il puisse & leur soit loisible & à leurs enfans nez & à naître doresnavent, soi faire dire, nommer & apeller en jugement & dehors dudit Surnom de TANOARN au lieu de celui de Mesnager dont eux & leurs Predecesseurs étoient ci-devant apellés. Lequel surnom de TANOARN Nous leur avons baillé & iceluy commué & commuons au lieu de celui de Mesnager, & à la charge toutes-fois que tous & chacuns leurs Contrats, promesses & obligations & autres actes ci-devant faits sur le surnom de Mesnager demeureront en leur force & vertu, & en cette qualité sortiront effet, sans que pour ladite commutation de surnom y puissent aucunes choses être innovées, aussi que ci-après ils seront tenus de garder & observer ceux qu'ils feront audit surnom de Tanoarn. Si donnons en mandement à nos amès feaux Conseillers Gens tenant notre Cour de Parlement à Rennes, Sénéchal dud. lieu & tous nos Officiers à qu'il appartiendra que nos presentes Lettres ils fassent lire, publier & enregistrer, & de leur contenu joüir & user lesdits Exposans & leurs enfans nez & à naître pleinement & paisiblement, cessant & faisant cesser tous troubles & empêchemens à ce contraire. Car tel est notre plaisir, & afin que ce soit chose ferme, stable & à jamais nous avons fait mettre notre Scel ausdites Patentes. Donné à St. Germain en Lays au mois de Decembre l'an de grace 1642. & de notre Regne le trente-troisiéme.

LOUYS.

Par le Roy,

PHELYPEAUX.

Registré suivant l'Arrest de la Cour de ce jour pour en joüir les impetrans bien & dûëment suivant la volonté du Roy. Fait en Parlement le 23. Janvier 1643. CHEVREUL.

Un changement de nom dans les maisons semble souvent à plusieurs couvrir quelque chose de desavantageux, quoiqu'une infinité d'exemples demontrent le contraire, celui-cy en est encore un, puisque ce n'est point le sieur de Piolaine mari d'Anne de TANOARN qui change son nom, mais un beau-frere & oncle qui en laissant de grands biens à son neveu, veut également en lui & ses Cadets perpetuer son nom: en effet par l'alliance qu'il contracte pour ce neveu qui desormais doit être appellé Jean de TANOARN au lieu de Jean le Mesnager troisiéme du nom, avec Damoiselle Marguerite Daiguillon, tout est nettement expliqué.

Contrat de Mariage de Messire Jean de TANOARN *& de Damoiselle Marguerite Daiguillon seconde fille & ~~heritiere.~~*

Sçachent tous presens & avenir que par-devant nous Notaires Royaux à Rennes soussignés, ont comparûs en leurs personnes Noble & discret Messire Jean de Tanoarn Seigneur du Plessix Bardoul, Kdanoarn, de Lezerec sieur Abbé de Monfort, Messire Jean Tanoarn Chevalier, ci-devant portant le nom de le Mesnager Seigneur de Kdanoarn, fils aîné principal & noble de feu Messire Jean le Mesnager, Chevalier de l'Ordre du Roy, & de Dame Anne de TANOARN vivants Seigneur & Dame de Piolaine & de la Russelée, demeurant; sçavoir ledit sieur Abbé à son Manoir noble du Plessix Bardoul Paroisse de Plechatel, Evêché de Rennes, & ledit Seigneur de KDANOARN à son Manoir de la Russelée Paroisse de Paimpont Evêché de St. Malo d'une part. Et Haut & Puissant Messire Charles Daiguillon, Chevalier de l'Ordre du Roy, Gentilhomme ordinaire de sa Chambre, Colonel des Francs-Archers & élûs pour le Service de Sa Majesté en Bretagne, & de Dame Denyse Guiheneuc son épouse Seigneur & Dame d'Hugere & des Chastellenies de Soulandeau, Anguignac Seigneuries de Juzet, Montnoël, Callac, la Varanne, Rinnefort & Damoiselle Marguerite Daiguillon leur fille puînée demeurants audit Manoir d'Hugere Paroisse de St. Jean d'Ercé Evêché de Rennes. Lad. Dame & sadite fille autorisée dudit Seigneur d'Hugere au contenu des presentes & ce qui en dépend d'autre part. Lesquelles parties pour parvenir au mariage futur pour parlé & accord entre ledit Messire Jean TANOARN Seigneur de KDANOARN, & ladite Demoiselle Marguerite Daiguillon, ont été accordés les articles & conditions ci-après entre ledit Seigneur Abbé de Monfort & ledit sieur de KDANOARN son neveu & lesdits Seigneur & Dame d'Hugere & ladite Damoiselle leur fille, sans lesquelles ledit mariage n'auroit été. Et premier.

28. Novembre 1644.

VII.

Second partage noble.

Déclare ledit Seigneur Abbé qu'il marie ledit TANOARN son neveu comme son héritier présomptif, principal & noble, & qu'en cette qualité sondit neveu recueillera après son decès toute sa succession collateralement, & tel le reconnoist. Qu'en cette consideration ledit Seigneur Abbé comme chef du nom, maison & armes de TANOARN, & icelui Seigneur, Seigneur de KDANOARN sorti & issu de sa sœur unique, a desiré que le nom de TANOARN eut été conservé en la personne de sondit neveu son héritier présomptif, principal & noble, & en ses enfans postérité future, à laquelle fin il a fait supplier Sa Majesté que sondit neveu eut dorénavant porté le nom & armes de TANOANN, ce qu'elle lui a accordé par Lettres Patentes du mois de Decembre 1642. dûëment verifiées au Parlement de cette Province, par Arrest du 21. Janvier 1643. &c. & tout le reste des clauses & conditions portées par ledit contrat passé à Rennes en l'Hôtel desdits Seigneur & Dame d'Hugere ruë du Griffon en la presence & du consentement de Messire Pierre de TANOARN Seigneur de Lezerec frere puîné dudit Seigneur de KDANOARN. Sous les seings desdits Seigneurs Abbé de Monfort, de KDANOARN desdits Seigneur & Dame d'Hugere & de ladite Damoiselle leur fille & celui dudit sieur de Lezerec, &c. le 28. Novembre 1644. avant Midi. Signé, BERTELOT & MAHE' Notaires.

Une petite disgression au sujet des Seigneurs Daiguillon, illustre Maison totallement éteinte, ne déplaira pas. Trois Daiguillons, un Oncle & deux

Neveux. Charles, Cæsar, & René Philippe n'ont laissé que quatre Damoiselles. L'aînée de Charles derniere mariée, Françoise, sœur de Marguerite Dame de Kdanoarn, épousa Messire Bernard du Poulpiquet, Chevalier, Seigneur de Roduran & du Halgoët, reçû President à la Chambre des Comptes de Bretagne le 21. Mars 1654. Anne heritiere de Cæsar, Marquis de la Juliennais, &c. fût alliée le 2. Mars 1667. à Jean Gustave de Rieux, Marquis Dasserac, Comte de Châteauneuf, & Vicomte de Donges. L'héritiere de René Philippe est entrée dans la maison de Dervalle, & son héritiere étoit feuë Madame du Camboust derniere morte, fille aînée de Mr. & Madame de Kavion.

Françoise, Marguerite, Anne.

S'il restoit quelque chose à desirer à l'égard de Messieurs le Mesnager, ce seroit leurs anciennes Armes : elles paroissent telles sur la cheminée de la Salle de Piolaine, d'Argent à la Croix Losangée d'Or.

Messire Pierre de TANOARN, Seigneur de Lezerec, frere puisné de Jean, ne s'est point établi, & ayant peu survêcu à son aîné, également que Jean de TANOARN Abbé de Monfort, ses enfans ont recüeilli leur succession. Gillette de TANOARN sœur commune épousa Ecuyer Roul le Lievre, Seigneur de Martigné, & n'ayant laissé qu'une héritiere, Damoiselle Laurence le Lievre Dame de la Martigniere, elle fut mariée à Messire Julien de la Corbinaie, Chevalier, Seigneur de Bourgon, reçû President aux Enquestes du Parlement de Bretagne le 6. Juillet 1676.

Messire Jean de TANOARN, Chevalier, Seigneur de Kdanoarn, Pontuée Callac & la Joüe est mort sur la fin de 1660. & on pourvût à la tutelle des Mineurs le 17. Janvier 1661. & Marguerite Daiguillon Dame de Kdanoarn sa veuve en fût chargée. Messire Pierre de TANOARN, Seigneur de Lezerec est mort Garçon en 1662.

Enfin Jean de TANOARN, Seigneur du Plessis Bardoul, du Tiersant Lezerec Abbé de Monfort ayant recüeilli & concentré en sa personne tous les biens de sa maison par differentes successions de grandes Tantes, de Tantes, & même d'une sœur Jeanne de TANOARN morte sans enfans, aprés une longue carriere, & une vie de soixante & dix-sept ans * mais remplie de bonnes œuvres & d'aumônes, ayant refusé d'être coadjuteur de son grand Oncle maternel Rolland de Neuville Evêque de St. Paul de Leon, & depuis l'Evêché de Dol, mourut au Plessis Bardoul le 17. Septembre 1663. Son cœur & son veritable portrait sont en son Abbaye de Monfort qu'il avoit totalement bâtie, & son corps réposé dans le Tombeau de ses Peres & Seigneurs du Plessis Bardoul Paroisse de Plechatel, Evêché de Rennes. Il a fondé dans l'Eglise de St. Paul de Leon, & fait un grand Testament dont il reste des copies imprimées.

* Etant né le 28. Octobre 1586.

Du mariage de Jean de TANOARN *& de Marguerite Daiguillon, sont issus René & Jean-Baptiste de* TANOARN.

Pour bien connoître les maisons, & les maisons se connoissent-elles-mêmes avec leurs parentés, il en faut voir les tutelles. C'est ce qui détermine à donner la Liste des parens nominateurs en celle de René de TANOARN âgé de 12. ans, & de Jean-Baptiste frere puisné âgé de dix ans, Marguerite Daiguillon leur mere instituée tutrice par acte passé à la Baronie de Dervalle le 17. Janvier 1661. dûëment signé & garenti.

ESTOC PATERNEL.

Messire PIERRE DE TANOARN Seigneur de Lezerec, Oncle Paternel.

Messire JEAN DE TANOARN Abbé de Monfort, Grand Oncle Paternel.

Haut & Puissant Seigneur Messire Jean du Boisgeslin, Comte de Mesneuf, Président au Mortier de Bretagne, Parent Paternel au quart dégré.

Messire Gilles de Belloüan Seigneur dudit lieu, Parent au tiers dégré paternel.

René de la Tuillais, Ecuïer, Sieur de la Jaroussaye, Cousin du tiers au quatriéme dégré Paternel.

Messire Mathurin Dufresne, Seigneur du Tail & de la Ville-Ville & autres lieux, Parent au tiers dégré vis-à-vis Paternel

ESTOC MATERNEL.

Messire Jean le Borgne, Chevalier, Seigneur Danguinac, Juzet, la Varrane, Frere Maternel de la Mere & Tutrice.

Haut & Puissant Messire Bernard du Poulpiquet, Chevalier, Seigneur du Halgoët, Conseiller du Roy en ses Conseils & Premier Président en la Chambre des Comptes de Bretagne, Oncle Maternel par alliance, aïant épousé Françoise Daiguillon, Sœur de Marguerite, Mere & Tutrice.

Messire René Dufresne, Chevalier, Seigneur de Virel, Parent au tiers dégré en l'estoc Maternel, & au quart dégré en l'estoc Paternel.

Haut & Puissant Seigneur Cæsar Daiguillon, Marquis de la Juliennais, la Musse, la Becourdais, la Touche-Guignon & le Bois-Hamon, &c.

René-Philippe Daiguillon, Seigneur de Moullac, lesdits Daiguillon Cousins remués de Germains au côté Maternel desdits Mineurs.

Messire Jean le Duc Seigneur de la Biardais, Conseiller du Roy au Parlement de Bretagne, Mari de Dame Marie de Lescoüet son Epouse, Parent par alliance des Mineurs en l'estoc Maternel au tiers dégré.

Messire Pierre de Lescoüet, Seigneur, Vicomte du Bouschet, Parent desdits Mineurs au tiers dégré en l'estoc Maternel. Ainsi signé à l'original. PIERRE DE TANOARN. Marguerite Daiguillon. Bouvas Pr. L. Polligné, L. Aubin qui ont marqué chacun soixante & quinze sols païés, & du soussigné Greffier pareille somme, cedit jour & an, avec paraphe. J. PERRIGAULT, Greffier.

L'émancipation desdits Mineurs est du 15. Janvier 1669. à la même Baronie de Dervalle. Arrest de Réformateon des Messieurs le Mesnager & DE TANOARN de 1669.

Dès l'Age de dix-huit ans, c'est-à-dire en 1668. Messire René DE TANOARN, Chevalier, Seigneur du Plessis Bardoul, DE KTANOARN, de Lezerec, de la Russelée, de Pontuée, Callac, la Joüé, &c. fût gratifié par les bons offices de Mr. le Duc de Chaulnes, Gouverneur & Commandant en Bretagne, d'une pension des Etats de la Province, dont il a joüi jusqu'à sa mort. En 1665. ledit René de TANOARN, héritier, Principal & Noble de feu Jean de TANOARN & de Dame Marguerite Daiguillon, s'allia à Damoiselle Jeanne Peschart tierciere, & d'une très-ancienne Maison de Bretagne, elle ne vêcût qu'un an, & la Damoiselle qu'il en eût, mourût à dix ans. En seconde Nôce René de TANOARN, Chef de Nom & d'Armes, épousa en 1676. Da-

VIII.

Troisiéme Partage Noble.

moiselle Marie-Suzanne le Meneust de Brequigny, Sœur seconde tierciere, & Fille des Présidens au Mortier de ce nom, au Parlement de Bretagne; on se souviendra long-tems dans la Province, malgré l'extinction de cette Maison, de la fameuse Medaille frapée par l'Ordre des Etats en l'honneur de son Grand-Pere. *Ut olim de Republica bene meritis, sic & Urbis liberatori Patria contulit.* De ce Lit sont issus René-Charles, Joseph & René Jumaux, Renée & Marguerite de TANOARN. Dès ce tems ledit Seigneur du Plessis Bardoul étoit Capitaine de Noblesse de l'Evêché de Rennes & devint veuf au commencement de 1682.

Cinq Enfans.

Enfin ledit Sieur du Plessis Bardoul convola en troisiéme Nôce, & tel en est le dernier Contrat de Mariage.

Au Traité & propos du Mariage futur & esperé d'entre Messire René de TANOARN, Chevalier, Seigneur du Plessis Bardoul, de Callac, Pontuée, la Russelée, &c. Fils aîné, héritier, Principal & Noble de feu Messire J. de TANOARN, vivant Chevalier, Seigneur de KTANORAN, & de Dame Marguerite Daiguillon, ses Pere & Mere, & de Dame Renée Girault, Dame de la Villerollend & du Tertre, veuve de Messire François Peschart, Chevalier, Seigneur de la Villerollend, Fille de feu Ecuïer René Girault, vivant Sieur de la Motte, & de Dame Renée Gauvain encore vivante, ses Pere & Mere, à ce que ledit Mariage soit effectué, ont de ce jour vingt-cinq May 1682, avant midi comparus devant Nous Notaires Roïaux à Rennes, ledit Seigneur du Plessis Bardoul demeurant à son Manoir Seigneurial, Paroisse de Plechâtel, Evêché de Rennes, & ladite Dame de la Villerollend demeurante à son Manoir noble du Tertre, Paroisse de Pipriac, Evêché de Saint Malo, étant tous deux de present à Rennes, d'une & d'autre part, entre lesquels comme majeurs a été fait & accordé les clauses & conditions matrimonialles qui suivent, &c. Fait à l'un des Parloirs du Couvent des Chaterinettes Ruë Huë où ladite Dame est présentement, sous son seing & dudit Seigneur futur Epoux, & ainsi signé en la minute des présentes. René de TANOARN, René Girault. André, Notaire Roïal, Morinnaye, Notaire Regislateur. Et au délivré signé André, Notaire Roïal & Morinaye, Notaire Roïal.

25. May 1682.

Le Mari & la Femme étoient Beau-Frere & Belle Sœur.

De ce Lit sont issus, Christophle, Hilaire, Vincent & Marie de TANOARN.

Quatre Enfans.

Depuis ce tems le sieur du Plessis Bardoul commanda la Noblesse de l'Evêché de Rennes, Capitale de la Province, comme élû & choisi par le corps de la Noblesse, quoiqu'il ne fût pas encore le plus ancien Capitaine, puisqu'il l'emporta sur d'autres qui y prétendoient. Lettre & ordre à l'effet du commandement de la Noblesse de la part de Mr. de Lavardin, Lieutenant Général des Armées du Roy, & Commandant en Bretagne. Au Sieur du Plessis Bardoul.

A Vannes le 5. May 1696.

MONSIEUR

J'ai reçû les lettres que vous avez pris la peine de m'écrire, l'une & l'autre du jour d'hier, & vous remercie des soins que vous avez pris pour la convocation de la Noblesse de l'Evêché de Rennes, je serai bien aise que ce soit encore par les mêmes soins que la revûë soit faite, & pour cet effet je joins à cette lettre un ordre & commission pour faire monter Lundi septiéme du mois, la Noblesse à Cheval, pour faire la Revûë & le Rolle de ceux qui la composent, & ce sera vous, s'il vous plaît, qui serez chargé comme l'année passée de faire ladite Revûë, & de signer ledit Rolle, ce sera dans la Pleine de la Courouze, & ensuite je vous prie de faire sçavoir outre le contenu dans mon Ordonnance, que l'intention du Roy, est que la Noblesse se tienne preste pour monter à Cheval d'une l'heure à l'autre, & que même elle reste assemblée pour cet effet. Cependant j'ai crû, quant-à-present, pouvoir lui permettre d'aller donner ordre à ses affaires, pour se mettre en équipage, & avoir les choses necessaires pour se rassembler Lundi vingt-huitiéme du courant, & cependant deux Gentils-hommes seront détachés pour se rendre à l'Ordonnance auprès de moy, afin que s'il y avoit quelque occasion plus pressante de les rassembler, je pusse le faire avec plus de diligence, si-non ils se rendront à jour nommé au même rendez-vous, sans qu'il soit besoin d'un nouvel ordre, & les Gentils-hommes détachés, seront relevés de huit en huit jours.

Je dois encore vous faire sçavoir que l'intention du Roy est que M. du Ham soit exempté pour cette année de l'Arriere-ban, & qu'ainsi vous pouvez le dispenser d'y servir. Je donne le même avis à M. le Senéchal de Rennes sur son sujet, & prens soin aussi de l'avertir du jour & heure de la Revûë, lorsque vous aurez signé les Rolles, je vous prie de me les envoyer.

MONSIEUR

Je serai toûjours très-veritablement,
Votre très-humble & affectionné Serviteur,
LAVARDIN.

Rolle de la Revûë des Gentils-hommes sujets au Ban & Arriere-ban de l'Evêché de Rennes, en execution des ordres de Monseigneur le Marquis de LAVARDIN, Commandeur des Ordres du Roy, Lieutenant Général de ses Armées, & au gouvernement de Bretagne, où les Gentils-hommes ont comparus devant Monsieur du Plessis Bardoul, commis pour faire ladite Revûë. Ladite commission en date du 5. May où Monsieur le Senéchal de Rennes a assisté en qualité de Commissaire, à Rennes ce septiéme May 1696

MESSIEURS,

François de Tierry de la Prevalais, Major. P.
Henry de Cosselay de la Violaye, Aide-Major. A.

COMPAGNIE COLONELLE.

MESSIEURS,

François Mellet de Château-le-Tart, Lieutenant. P.
Jacques de Farcy de Malnoë, Cornette. P.
Bertrand-Philippe des Acres Maréchal des Logis. P.
Cinquante & six Gentilshommes.

COMPAGNIE DU PLESSIX BARDDOUL.

MESSIEURS,

Guy de Launay Ravilly, Lieutenant. P.
Nicolas Mellet de la Tramblais, Cornette. P.
Guillaume de Conidec de Launai, Maréchal des Logis. P.
Gilles Pioger de Chantradeu, Brigadier. P.
Soixante Gentils-hommes.

COMPAGNIE DE LA MONTAGNE.

MESSIEURS,

Jean Hay de la Montagne, Capitaine. P.
Jacques Robert Tavenel Ville-au-Rou, Lieutenant P.
Jacques de Lessay de Launay, Cornette. P.
Gilles-René de la Vilette, Maréchal des Logis. P.
Cinquante-cinq Gentils-hommes.

COMPAGNIE DU MOLAN.

MESSIEURS,

René du Boberil du Molan, Capitaine. P.
Henry de Bruc de Clisson, Lieutenant. P.
Pierre du Boberil de Cheville, Cornette. P.
Antoine de la Frenais, Maréchal des Logis. P.
Cent cinq Gentils-hommes.

COMPAGNIE DE SAINT AUBIN.

MESSIEURS,

René Freslon de Saint Aubin, Capitaine. P.
Pierre de la Monneraye, Lieutenant. P.
Charles du Boisbaudry de Trans, Cornette. P.
De la Renaudais, Maréchal des Logis. P.
Raoul Breal des Provotais, Brigadier. P.
Soixante Gentils-hommes.

Ladite Revuë signée. DE TANOARN PLESSIS BARDOUL.

FRANÇOIS DE TIERRY.

Une ou deux Revûës suffisent pour toutes les autres, soit anterieures, soit posterieures : Ce service tout honorable qu'il soit, a coûté assés cher pour n'en parler

parler pas davantage, appliqué autrement il eut été plus utile & plus avantageux aux descendans dudit sieur du Plessix Bardoul.

Messire JEAN-BAPTISTE DE TANOARN, Seigneur de Callac & la Joüe, frere puîné de René, ayant servi assez de tems, se trouva au passage du Rhin, refusa l'honneur d'être premier Gentilhomme de la Vannerie de feu MONSIEUR; devenu fort infirme, s'établit cependant, & s'allia à Damoiselle Marguerite de la Tuillays, mourut peu de tems après en 1683. laissa pour fils René-Jean-Baptiste de TANOARN, Chevalier, Seigneur de Callac, Pontuée & la Joüe, fut Capitaine au Régiment de Martel Infanterie, & depuis fit quelques campagnes Officier de Cavalerie en Baviere. En 1708. au mois de Juillet, ledit Seigneur s'allia à Damoiselle Loüise Binet de la Blottiere, sœur & tante des Seigneurs de ce Nom, Grands Baillis d'Epée, & Commandans de la Noblesse de l'Evêché de Nantes. Ledit Seigneur est mort le 4. Decembre 1737. & a laissé deux Damoiselles, Flavie & Loüise de TANOARN, toutes deux établies de son vivant, Loüise la cadette Religieuse aux Dames des Coëtz lès Nantes, morte en Février 1738. Quatriéme Partage Noble.

Flavie de TANOARN aînée, principale & noble Dame de Callac, la Joüe & autres lieux, est entrée dans la Maison des Seigneurs Moraud Duderon, & par contrat de 1732. a épousé Messire Loüis-Moraud Duderon, Chevalier, Seigneur de la Haye, dont les Peres ont commandé la Noblesse de l'Evêché de Vannes, ledit Seigneur mort le 27. Novembre 1740. en son Château de la Haye, laissant sa Veuve avec six Enfans; d'où il résulte six partages Nobles dans cette Branche de TANOARN, si elle n'étoit tombée en quenoüille dans Flavie de TANOARN Dame Duderon. Pour éviter toute confusion, on a poussé tout de suite cette Branche jusqu'à son dernier période. Remontons à l'aînée. Cinquiéme Partage Noble. Sixiéme Partage Noble.

Messire René-Charles de Tanoarn fils aîné, héritier principal & noble de Messire René de Tanoarn, Chevalier, Seigneur du Plessis Bardoul & autres lieux, & de Dame Susanne-Renée le Meneust de Brequigny, né le 26. Août 1680. Chevalier, Seigneur du Plessis Bardoul & du Châtel, ayant servi dès sa tendre jeunesse dans le Régiment Dauphiné Infanterie, fut fait prisonnier de guerre en Allemagne par le sieur de Vaubonne en 1698. La Paix suivante le fit bien-tot échanger. A son retour il fut émancipé, & Mr. de Rieux, comme allié, y a donné sa voix. En 170[illegible]. ledit Seigneur épousa Damoiselle Lucresse-Marie Peschart*, devenuë héritiere & unique de l'ancienne Maison des Peschart; Renée Peschart sa grande-tante, & autre héritiere du Nom, Dame de la Botellerais & du Boisauvayer, avoit épousé Messire René de Tournemine. En 1702. à la formation des Dragons de Bretagne, Mr. le Marquis de Tournemine Colonel, ledit Sieur du Plessis Bardoul, doublement parent du sieur de Tournemine, prit la Lieutenance de sa Colonelle; mais ses infirmités l'empêcherent de continuer ce service, privé de tous enfans; il est l'un des anciens Pensionnaires des Etats de Bretagne. Quatriéme Partage Noble. * IX. Fille de Renée Girault, Dame du Plessis.

Messire Joseph de Tanoarn frere puîné, après de longs services dans les Dragons de Bretagne, ayant essuïé toutes les rigueurs de la guerre, & dégoûté par quelque passe-droit, s'est allié à Damoiselle Marie des Rondiers, dont il n'a laissé qu'une héritiere, Damoiselle Marie-Anne de Tanoarn, & est mort à Lamballe le 31. May 1723. Lieutenant de la colonel du regiment

Noble & discret Messire René de Tanoarn autre frere puisné & Jumeau de Joseph, Docteur en Theologie, est Chefecier ou premier Dignitaire de la Collegiale de la Guerche, Evêché de Rennes. Damoiselle Renée de Tanoarn, sœur du même lit & fille de René de Tanoarn & de Susanne le Meneust, mariée en secondes nôces au sieur de Fabroni de la Pregenterie, Doyen des Requêstes du Parlement de Bretagne. Marguerite autre Damoiselle du même lit non mariée.

Enfin tout homme devant le tribut à la nature. *Ad te omnis caro veniet.* Messire René de TANOARN, Chevalier, Seigneur du Plessis Bardoul, ancien Commandant de la Noblesse, & Pensionnaire des Etats, mari en troisiéme nôces de Dame Renée Girault, Dame du Tertre & de la Villerolend, comme un veritable Patriarche, rempli de foi & de confiance dans les misericordes du Seigneur, au milieu de ses enfans, & les benissant, rendit son esprit à Dieu le 22. Decembre 1709. âgé de soixante ans, & repose dans le Tombeau de ses ancestres, Paroisse de Plechatel, Evêché de Rennes. Dame Renée Girault son épouse lui a survêcu de dix ans, étant morte en 1719. ayant eû la consolation de voir tous ses enfans établis, à l'exception du dernier qui est aujourd'hui la ressource de tous pour la conservation & perpetuité du nom. Puisqu'il ne reste des deux premiers lits qu'une seule & unique hériitiere, Marie-Anne de TANOARN ci-dessus, & sous ce nom dans cette maison elles sont fort habilles à succeder, mais les évenemens de la providence sont des Loix ausquelles on doit se soûmettre.

Elle avoit deux Sœurs dont les uniques héritieres sont Madame la Présidente de l'Angle & Madame du Bois-Taillé Martin.

Quatre Enfans.

Dernier lit de René de TANOARN, Seigneur du Plessis Bardoul, & de Dame Renée Girault Dame de la Villerolend & du Tertre.

IX. Quatriéme Partage Noble.

Messire Christophle de Tanoarn, Chevalier de St. Lazare, Seigneur du Tertre & du Chatel, fils aîné, heritier principal & Noble dans l'estoc maternel par la mort d'Angelique Peschart, Dame Marquise de Talhoët du Boisoran, & autres lieux, & fille de feu Messire Jean-François Peschart, fils aîné de la Dame Renée Girault de son premier lit avec Messire François Peschart, Chevalier, Seigneur du Tertre & de la Villerolend.

Ledit Christophle né en Mars 1684. commença le service de la Marine au Département de Brest en 1704. passa ensuite dans celui de Donkerque sous M. le Chevalier de Fourbin, où la Guerre fût très-vive & très-dure, il y fit bien des Campagnes, & essuia bien des combats. En 1708. embarqué avec le sieur Cochart en qualité de Lieutenant de Vaisseau, après un rude combat où le sieur Cochart fut tué, il fut fait prisonnier en Angleterre, & y passa l'Hiver de 1709. perdit tout ce qu'il avoit, & en coûta encore beaucoup pour le tems de sa prison, après son échange il fut de la Campagne de Riogenaire, ayant encore continué quelque tems un service qui étoit alors très-long, il s'en retira enfin en qualité de Lieutenant de Fregatte, épousa au mois d'Avril 1714. Damoiselle Anne Simon de Galisson, de même famille qu'une autre Dame Anne Simon, que feu Mr. de Tanoarn de Couvran, Conseiller au Parlement, avoit épousée. De son mariage a eu une unique héritiere Damoiselle Anne de Tanoarn, alliée en 1734. à Messire Jean Lambert, Chevalier, Seigneur de Boisjan, dont il y a plusieurs enfans; ce qui feroit encore un cinq & sixiéme partage noble dans des Mâles du Nom

& Maison de Tanoarn. Ledit Seigneur Christophle de Tanoarn, Pensionnaire des Etats, ayant épousé en secondes nôces Damoiselle Catherine du Boisfeüillet de la Villeon, est morte sans enfans le 17. Mars 1741.

Noble & discret Messire Hilaire de Tanoarn, frere puîné du second lit, en sa jeunesse Officier & Capitaine au Régiment Royal Infanterie, & depuis Curé de Saint Denys de Nantes.

Le premier Lit n'étant plus compté, étant sans suite.

Messire Vincent-Philippe de Tanoarn, troisiéme fils du second lit de René de Tanoarn & de Dame Renée Girault, Seigneur de Bienassis & du Châtel, ayant servi dans la Cavalerie & les Milices en sa jeunesse, épousa par contrat de mariage le 24. Novembre 1724. Damoiselle Marie-Gabrielle Proust, fille aînée de feu Ecuïer Julien Proust, Seigneur du Port-la-Vigne, Maire perpétuel de Nantes, & de Dame Marie-Bonne Letourneux. C'est le seul qui laisse une postérité mâle, ayant trois garçons & cinq Damoiselles.

Damoiselle Marie de Tanoarn, quatriéme du second lit, a épousé en ~~Decembre~~ Janvier 1713. Messire Jean-Victor de Marniere, Chevalier, Seigneur de la Choanniere & autres lieux, de leur mariage sont issus quatre enfans vivans, l'aîné desquels sert depuis quelques années dans le Département de Toulon, étant actuellement Aide d'Artillerie, & donne de grandes espérances de réussir & de s'avancer, le second entre aussi dans le service de Mer, avec titre d'Enseigne dans la Compagnie des Indes pour premier commencement; service un peu moins honorable, mais plus avantageux pour un cadet.

Du mariage de Messire Vincent de Tanoarn & de Damoiselle Gabrielle Proust sont issus, Charles-Marie-Vincent de Tanoarn, deux autres freres puînés & cinq Damoiselles.

Cinquiéme Partage Noble.

Charles-Marie-Vincent de Tanoarn, héritier principal & noble du Nom & Armes de Tanoarn, commence son service par une Lieutenance au Régiment de Rohan Infanterie.

X. Né le 18. Septembre 1725.

Tout ce Recueil est très-exactement & fidelément tiré & copié sur les titres originaux des Seigneurs de Tanoarn, du Plessis Bardoul & de Couvran, & prouve leur ancienne & vraye Noblesse, leurs Maisons, Armes & Alliances, toutes honorables avec leurs continuels services, ce qui leur donne droit d'esperer qu'ils ne seront point oubliés par nos Historiens de Bretagne, & qu'on leur rendra plus de justice que n'a fait le sieur Abbé des Fontaines, faute d'avoir été mieux instruit. C'est pour y remedier qu'on a fait ce Recüeil, & qu'on se propose de communiquer au digne Historien moderne de la Province, & à Messieurs les Juges d'Armes de France, afin d'être employé dans leur Armorial général de France.

www.ingramcontent.com/pod-product-compliance
Lightning Source LLC
Chambersburg PA
CBHW071444030726
47594CB00006B/2822